Hay qu

Sally Vargas

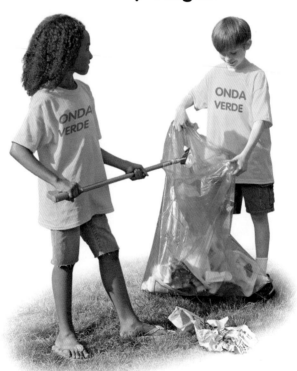

MW01113677

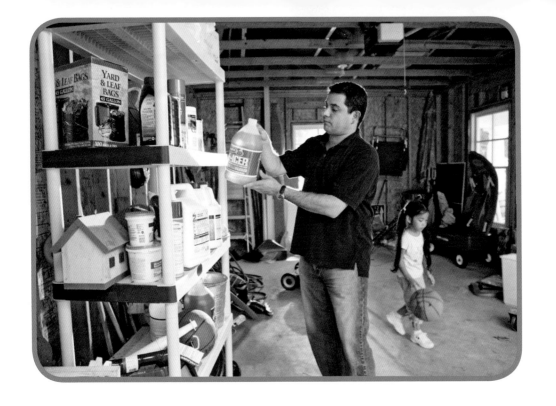

Limpiamos el taller.

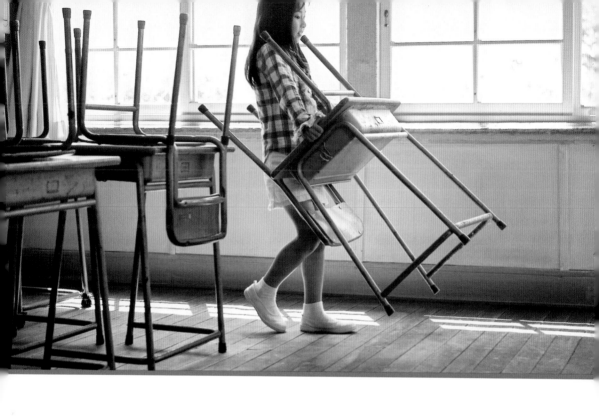

¡Y el salón también!

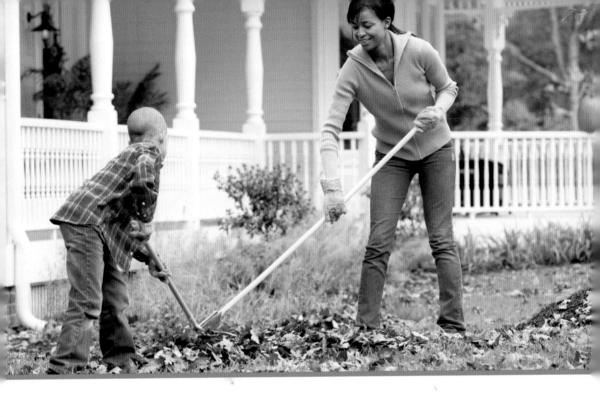

Ayudamos en casa.

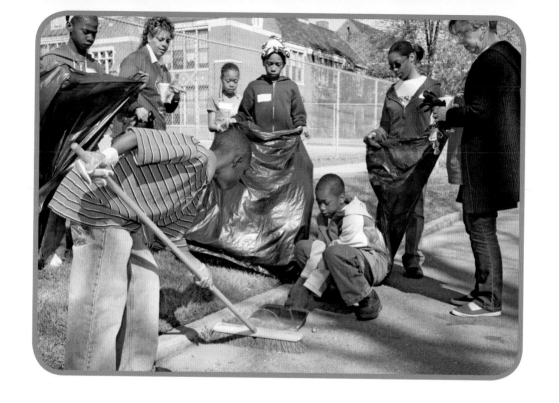

¡Y en la calle también!

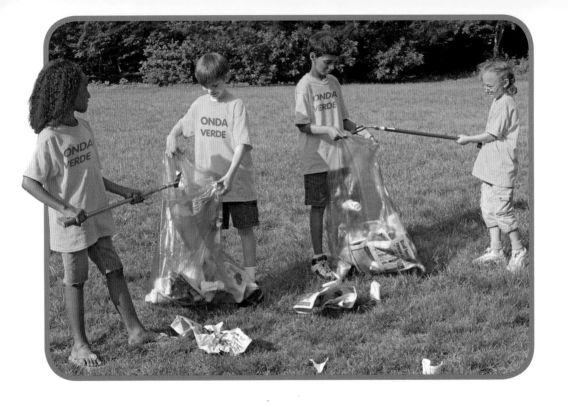

Recogemos los papeles.

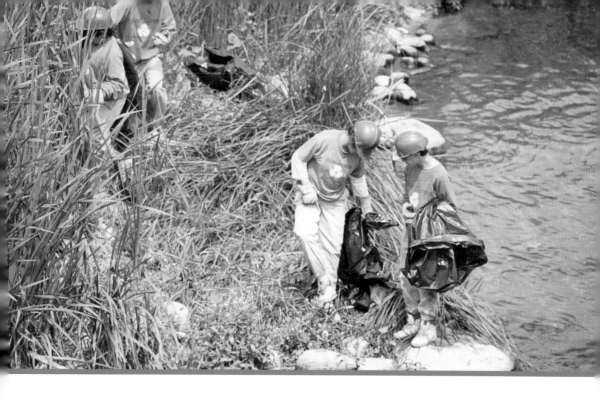

¡En el lago también!

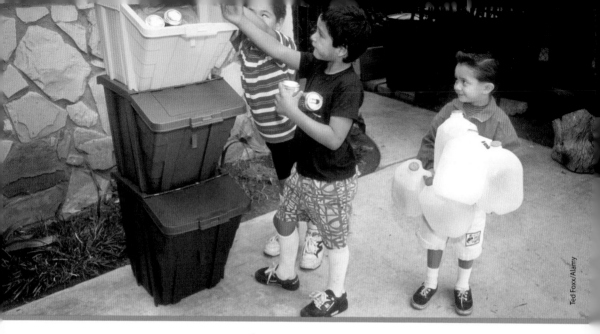

Separamos la basura.

¡Toda la familia ayuda!